Obst einmachen

Norbert Frank

Zwei wichtige Faktoren sind beim Obst einmachen von großem Vorteil und erleichtern die Entscheidung, es einmal auszuprobieren: Es ist einfach und braucht wenig Zeit. Außerdem kommt die Gewissheit hinzu, dass Sie mit eingemachtem Obst etwas Frisches aus der großen Vielfalt der Natur für sich, die eigene Familie oder Freunde haltbar machen. Frei nach dem Motto „im Sommer ernten und im Winter genießen".

Inhalt

Alle Rezepte auf einen Blick

	Seite	kcal je Portion	Evergreen	dekorativ	schnell	dauert	edel	raffiniert	für Kids
Ingwerbirnen mit Sternanis	10	71	+	+		+	+		
Raffinierte Senffrüchte	12	114		+	+			+	
Würzige Aprikosen mit Sauerkirschen	13	157		+				+	
Eingelegte grüne Walnüsse	14	316	+			+	+		
Kirschkompott, süß-sauer	15	88		+	+			+	
Süß-saure Melonen mit Ingwer	16	22		+				+	
Pikante Apfelringe	18	48		+		+	+	+	
Eingelegte Hagebutten	19	170	+			+	+		
Birnen und Pflaumen in Rotwein	20	173	+			+			
Äpfel in Calvados mit Mandeln	22	52	+	+	+				
Campari-Wein-Äpfel	23	40	+	+	+				
Pikante Kumquats in Kirschwasser	24	77		+	+		+	+	
Würzige Papayas in Orangenlikör	26	70		+	+		+	+	
Trauben in Weißwein	27	176		+	+			+	
Feigen in Rotwein	28	44		+			+	+	
Pflaumen und Walnüsse in Armagnac	29	166		+	+		+	+	
Mangos in Rosé	30	86		+			+	+	
Brombeeren in Rum	32	83	+	+	+		+		
Mandarinen in Genever	33	99		+	+		+	+	

	Seite	kcal je Portion	Evergreen	dekorativ	schnell	dauert	edel	raffiniert	für Kids
Exotische Früchte in Himbeergeist	34	117		+	+		+	+	
Weinbrandfrüchte	36	141	+	+			+		
Rum-Mirabellen mit Rosinen	37	132		+		+			
Ananas und Kokosnuss in Rum	38	126		+	+			+	
Vanille-Äpfel	40	34		+		+	+	+	+
Pfirsiche mit Mandeln	42	76	+	+		+			+
Drei-Beeren-Kompott	43	87	+			+			+
Aprikosentopf	44	54	+	+	+		+	+	+
Apfelstücke mit blauen Trauben	46	70		+	+		+	+	
Pfirsich-Preiselbeer-Kompott	48	57	+			+			+
Apfel-Minz-Chutney	50	200	+	+		+			
Melonen-Orangen-Chutney	52	137		+		+		+	
Zwetschgen-Apfel-Chutney	53	122		+		+		+	
Preiselbeer-Chutney	54	89	+			+			
Frucht-Ingwer-Chutney	56	90	+						
Pfirsich-Safran-Chutney	57	92	+	+		+	+	+	
Feigen-Kumquat-Chutney	58	155	+	+		+	+	+	
Johannisbeer-Aprikosen-Chutney	60	105	+		+				+
Mango-Kürbis-Chutney mit Kürbiskernen	61	71		+		+		+	

Die Natur in Gläsern

Wenn Sie gern Obst aus dem Fruchtkorb der Natur einmachen möchten, aber nicht wissen wie, hilft Ihnen dieses Buch mit seinen praxiserprobten Rezepten.

Selbstgemachtes ist oft preisgünstiger, immer persönlicher, da besondere Vorlieben besser berücksichtigt werden können, und vielfach gesünder als Fertigprodukte. Eingemachtes Obst wird gern gegessen und kann zudem ein hübsches Geschenk für nahezu alle Gelegenheiten sein. Außerdem ist es nicht sehr zeitaufwändig, Sommer- oder Herbstfrüchte für den Winter zu konservieren.

Die Zutaten sorgfältig auswählen

Die Natur liefert mit gartenfrischem Obst die wichtigsten Zutaten, alles andere ist schnell gekauft, gleich ob es sich um Zucker oder um diverse Alkoholika handelt. Wichtig ist grundsätzlich, dass Sie nur allerbeste Zutaten, also wirklich frisches und unbeschädigtes Obst, verwenden. Früchte, die bereits angefault sind oder Druckstellen haben, sollten Sie ebensowenig nehmen wie überreife Früchte. Sie sind bestenfalls zur Saftgewinnung geeignet. Nur wenn Sie alle Schadstellen sehr großzügig entfernen, ist solches Obst zum Einmachen ausnahmsweise verwertbar.

Auch beim Einmachen gilt: Das Ergebnis kann immer nur so gut sein wie die Ausgangsprodukte. Schlechtes Obst wird niemals den besonderen Geschmack vollreifer, guter Früchte entwickeln können, von der Optik ganz zu schweigen.

Sauberkeit ist oberstes Gebot

Hygiene ist beim Einmachen unerlässlich. Damit Ihr Einmachgut nicht vorzeitig verdirbt, sollten daher alle Geräte, Gläser und Flaschen vor der Verwendung möglichst keimfrei gemacht werden.

Gläser und Flaschen sowie Deckel und Verschlüsse müssen in kochendem Wasser ausgekocht oder zumindest gründlich mit kochendem Wasser gespült werden, damit alle Bakterien und Keime abgetötet werden. Auch die Früchte sollten Sie immer nur gründlich gereinigt, geputzt und gewaschen verwenden. Einerseits um eventuelle chemische Rückstände zu entfernen, andererseits um Keime so weit wie möglich zu vernichten.

Zusätzliche Reinigungsmittel zur Säuberung von Einmachgefäßen sollten Sie nicht verwenden, damit keine schädlichen Stoffe auf den Gefäßen zurückbleiben und somit auch das Einmachgut verderben können. Zum Abtrocknen sollten Sie stets saubere Tücher verwenden.

Was man dazu braucht

Wer Obst nur ab und zu einmachen will, findet die meisten Geräte dafür in seinem Haushalt. Wichtig ist ein großer Topf, der für das Kochgut ausreicht, oder einige Gläser aufnehmen kann. Verschieden große, scharfe Messer, eventuell auch ein Buntmesser zum dekorativen Schneiden von Einmachgut, Schneidebretter, Küchenwecker, Kochlöffel, Schaumkelle, Schöpfkellen,

Messbecher, Trichter und Küchenwaage gibt es in nahezu jeder Küche. Um Kosten und Energie zu sparen, können Sie auch große Schnellkochtöpfe verwenden.

Einmachzubehör ist im Handel in vielen Variationen erhältlich. Die Anschaffung lohnt sich aber nur, wenn Sie regelmäßig einkochen. Dann sind spezielle **Einkochtöpfe** von Vorteil, die in ihrer Ausführung aber stark variieren. Es gibt sie emailliert oder in Edelstahl und sogar als Elektrotopf mit eigener Heizquelle und Thermostat. Im Deckel dieser Töpfe ist meist ein Einlass für ein Thermometer. Dies ist aber nur wichtig, falls Sie normale Einmachgläser mit Gummiringen und Glasdeckel verwenden, denn diese müssen „zugekocht" werden. Bei modernen Twist-off-Gläsern ist das nicht erforderlich.

Entsteiner für verschiedene Kernobstsorten erleichtern ebenso die Arbeit wie spezielle **Fülltrichter** für die Gläser. Dadurch wird vermieden, dass etwas von dem eingemachten Obst beim Füllen der Gläser verschüttet wird. **Kochlöffel** aus Kunststoff haben gegenüber Holzlöffeln den Vorteil, dass sie leichter zu reinigen sind und sich nicht so schnell verfärben.

Wichtig ist die Auswahl der **Einmachgläser** und **Flaschen**. Deren Glasränder und Deckel dürfen nicht beschädigt sein, sonst können Keime eindringen und das eingemachte Obst verderben. Twist-off-Gläser, die es im Supermarkt mit verschiedensten Inhalten gibt, können Sie immer wieder verwenden. Sammeln Sie sie im Lauf des Jahres, dann sparen Sie es sich, zum Einmachen neue Gläser kaufen zu müssen. Auch diese Gläser müssen natürlich vor dem Einmachen gründlich gereinigt werden. Überprüfen Sie vor allem die Deckel. Twist-off-Deckel dürfen keinerlei Beschädigungen oder Verfärbungen der inneren Dichtungsbeschichtung aufweisen. Es ist allemal besser, die Deckel zu ersetzen, als das Einmachgut wegwerfen zu müssen.

Wenn Sie Einmachgläser mit Gummiring und Glasdeckel verwenden, müssen diese ebenfalls auf Beschädigungen hin geprüft werden. Gummiringe sollten Sie regelmäßig ersetzen, da diese hart oder brüchig werden können. Beim Einmachen mit diesen Gläsern ist das Thermometer unerlässlich, da nur mit ihm die Temperatur im Topf während des „Zukochens" genau geprüft werden kann. Die Einhaltung der Temperatur ist von entscheidender Bedeutung für ein erfolgreiches Einkochen und die Haltbarkeit des Obstes. Wichtig ist bei diesen Einmachgläsern auch, dass die Klammern, die die Deckel während des Einkochens festhalten, nicht fehlen.

Das Füllen der Gläser

Das Einmachgut sollte möglichst immer kochendheiß in die Gläser, aber nicht höher als etwa 2 cm unter den obersten Rand, gefüllt werden. Beim Einkochen von Chutney oder Relish sollten etwa 3–4 cm Luft im Glas bleiben, damit sich das abdichtende Vakuum bilden kann.

Bevor die Deckel auf die Gläser gesetzt werden, müssen die Glasränder gründlich gesäubert werden, damit die Deckel richtig schließen. Gummiringe sollten immer feucht auf die Glasränder gelegt werden.

Wenn die Gläser sofort nach dem Füllen verschlossen und auf den Kopf gestellt auskühlen können, am besten auf einem feuchten Küchentuch, dann bildet sich der erforderliche Unterdruck sehr schnell.

Bei Früchten, die in Alkohol eingelegt werden, sorgt der Alkohol für eine ausreichende Abtötung der schädlichen Keime, falls zuvor nicht sauber gearbeitet wurde.

Unterschiedliche Fruchtgrößen, Reifegrade und Obstsorten können zu Abweichungen gegenüber den Angaben für die Füllmengen bei den Rezepten führen. Deshalb sind die Angaben immer nur als Richtschnur, nicht als verbindliche Menge zu verstehen.

Aufbewahrung und Lagerung

Ideal für die Aufbewahrung von Einmachgut sind trockene, dunkle und luftige Räume mit einer konstanten Temperatur um etwa 4 °C. Die Dunkelheit verhindert, dass sich das Einmachgut verfärbt. Verfärbungen beeinträchtigen jedoch den Geschmack des Einmachgutes nicht, wenn die Gläser gut verschlossen sind. Solche Räume oder auch geeignete Keller sind in modernen Wohnungen allerdings nur noch in den seltensten Fällen zu finden. Wählen Sie dann einfach den kühlsten und dunkelsten Raum für die Lagerung.

Haltbarkeit

Eine Faustregel gibt es nicht, da zu viele Faktoren eine Rolle spielen, beispielsweise die Sauberkeit und der Reifezustand des Obstes. Daher sind die bei den Rezepten angegebenen Haltbarkeitszeiten nur Richtwerte.

Kontrollieren Sie das Einmachgut regelmäßig. Wenn sich bei den klassischen Einmachgläsern ein Deckel während der Lagerzeit öffnet, obwohl er nach dem Einkochen fest verschlossen war, werfen Sie den Inhalt weg, da sich Keime entwickelt haben könnten.

Bei Twist-off-Gläsern ist ein nach oben gewölbter Deckel ein Alarmsignal. Der Inhalt solcher Gläser darf ebenfalls nicht verzehrt werden.

Saisonkalender

	Jan.	Feb.	März	April	Mai	Juni	Juli	Aug.	Sept.	Okt.	Nov.	Dez.
Äpfel						+	+	+	+	+	+	
Aprikosen						+	+	+				
Birnen							+	+	+	+	+	
Brombeeren							+	+	+	+		
Erdbeeren					+	+	+	+	+			
Heidelbeeren						+	+	+	+			
Himbeeren					+	+	+	+	+			
Holunderbeeren									+	+		
Johannisbeeren						+	+	+	+			
Kirschen						+	+	+				
Mirabellen							+	+	+			
Nektarinen						+	+	+	+			
Nüsse							+	+	+	+	+	+
Pfirsiche							+	+	+			
Pflaumen							+	+	+			
Preiselbeeren								+	+	+		
Quitten									+	+	+	+
Renekloden							+	+	+			
Rhabarber				+	+	+	+					
Stachelbeeren						+	+	+	+			
Weintrauben								+	+	+		
Zwetschgen							+	+	+			

Die Rezepte

Ingwerbirnen mit Sternanis

- Evergreen
- dekorativ
- schnell
- dauert
- edel
- raffiniert
- für Kids

Zutaten

2 kg Birnen · 750 g Zucker · 4–6 EL Essigessenz (25 %) · 3 Sternanis · 3 kleine Stücke Ingwer

Für 3-4 Gläser à 1 l
Zubereitungszeit: ca. 30 Min.
Ziehzeit: 24 Std.
ca. 71 kcal je Portion

1 Die Birnen schälen, vierteln und entkernen. 1 l Wasser mit dem Zucker, der Essigessenz, dem Anis und dem Ingwer aufkochen. Die Birnenstücke etwa 10 Minuten in dem Sud kochen.

2 Das Obst aus dem Sud nehmen und in die Gläser füllen. Den Sud darüber gießen, bis die Früchte gut bedeckt sind. Die Gläser 24 Stunden stehen lassen.

3 Den Sud abgießen, erneut aufkochen und wieder über das Obst gießen. Die Gläser fest verschließen.

Tipps

Die Früchte halten sich etwa 3–4 Monate. Die Gläser sollten möglichst kühl und dunkel aufbewahrt werden.
Die Ingwerbirnen können Sie zu Wild-, Fisch-, Grill- oder Fleischgerichten servieren. Sie passen auch ideal zu Fondues. Je nach Geschmack die Birnen noch mit etwas Preiselbeer- oder Hagebuttenkonfitüre füllen.

Variation

Ebenso können Sie auch Äpfel einmachen. Am besten eignen sie sich, wenn sie einen kräftigen Eigengeschmack und eine säuerliche Note haben wie Boskop.

Raffinierte Senffrüchte

- Evergreen
- **dekorativ**
- **schnell**
- dauert
- edel
- **raffiniert**
- für Kids

Zutaten

2 kg gemischte Früchte (z. B. Birnen, Pflaumen, Kirschen) · 2 Stangen Bleichsellerie · 100 ml Essigessenz · 1 1/2 kg Zucker

150 g Senfmehl

Für 8 Gläser à 1/2 l
Zubereitungszeit: ca. 75 Min.
Ziehzeit: 4 Wochen
ca. 114 kcal je Portion

1 Die Früchte und den Sellerie würfeln. 3/4 l Wasser mit dem Essig und dem Zucker aufkochen. Die einzelnen Früchte und den Sellerie in dem Sud getrennt einige Minuten ziehen lassen. Danach den Sud zu einem dicklichen Sirup einkochen.

2 Früchte und Sellerie vermischen und in die Gläser füllen. Das Senfmehl in den abgekühlten Sud rühren. Den Sud über die Früchte gießen, bis diese gut bedeckt sind, und die Gläser sofort fest verschließen.

Variation
Ebenso können auch andere Früchte der Saison wie Renekloden, Aprikosen, Pfirsiche oder Mirabellen eingemacht werden.

Tipps
Vor dem Servieren sollten die Früchte etwa 4 Wochen ziehen. Sie sind eine ideale Beilage zu kurz gebratenem Fleisch oder Grillgut.
Die Früchte halten sich bis zu 12 Monate, wenn sie eingekocht werden. Dazu die Früchte 30 Minuten im Sud bei 80 °C kochen und heiß in die Gläser füllen.

Zutaten

1 kg vollreife Aprikosen · 300 g Sauerkirschen · 1 Vanilleschote · 500 g weißer Kandiszucker · 4–5 EL Essigessenz

Für 2 Gläser à 1/2 l
Zubereitungszeit: ca. 40 Min.
ca. 157 kcal je Portion

Würzige Aprikosen mit Sauerkirschen

Evergreen ⊖
dekorativ ⊕
schnell ⊖
dauert ⊖
edel ⊖
raffiniert ⊕
für Kids ⊖

1 Die Aprikosen und die Kirschen halbieren und entsteinen, dabei den austretenden Saft auffangen. Die Vanilleschote längs aufschneiden. 1/4 l Wasser mit dem Zucker, dem Saft, der Vanilleschote und 2 EL Essigessenz aufkochen.

2 Die Aprikosen in der Zuckerlösung etwa 3 Minuten köcheln lassen und wieder herausnehmen. Die Kirschen im Sud 1 Minute köcheln lassen und ebenfalls wieder herausnehmen.

3 Die Früchte in die Gläser schichten. Den Sud erneut aufkochen, mit 2–3 EL Essigessenz würzig abschmecken, dann heiß über die Früchte gießen und die Gläser sofort verschließen.

Tipps

Ebenso können Mirabellen, Pflaumen oder Pfirsiche eingelegt werden. Die Früchte halten etwa 8 Wochen und sollten kühl und dunkel eingelagert werden.
Sie eignen sich optimal als Dessert oder fruchtige Beilage zu nahezu allen Fleisch- oder Grillgerichten.

Zutaten

500 g grüne Walnüsse mit weicher Schale

185 ml Weinessig · 500 g Zucker · 2 Zimtstangen · 2 Gewürznelken · abgeriebene Schale von 1/2 unbehandelten Zitrone

Für 1 Glas à 1 l
Zubereitungszeit: ca. 40 Min.
Ziehzeit: 48 Std.
ca. 316 kcal je Portion

Eingelegte grüne Walnüsse

- ⊕ Evergreen
- ⊖ dekorativ
- ⊖ schnell
- ⊕ dauert
- ⊕ edel
- ⊖ raffiniert
- ⊖ für Kids

1 Die Nüsse in einem Topf mit Wasser etwa 5 Minuten kochen, dann herausnehmen, abspülen und in ein Glas füllen.

2 Den Essig mit 5 EL Wasser, dem Zucker, den zerbrochenen Zimtstangen, den Nelken und der Zitronenschale aufkochen. Den Sud über die Nüsse gießen. Die Nüsse beschweren und 2 Tage ziehen lassen.

3 Den Sud und die Nüsse erneut aufkochen und 45 Minuten sanft köchelnd ziehen lassen. Alles wieder in das Glas füllen und dieses fest verschließen.

Tipp

Kühl aufbewahrt, halten die Nüsse etwa 3 Monate. Sie sind eine pikante Beilage zu Wurst, Schinken, Käse und Braten.
Besonders dekorativ wirken die Walnüsse, wenn Sie jeweils eine Hälfte der noch weichen Schalen bei allen oder einzelnen Nüssen entfernen und sie so in die Gläser geben.

Kirschkompott, süß-sauer

Evergreen ⊖
dekorativ ⊕
schnell ⊕
dauert ⊖
edel ⊖
raffiniert ⊕
für Kids ⊖

Zutaten

1 kg Knorpelkirschen (Süßkirschenart) · 200 g Zucker · 90 ml Weißweinessig · 1 Gewürznelke · 1/2 Zimtstange

Für 2 Gläser à 1/2 l
Zubereitungszeit: ca. 30 Min.
ca. 88 kcal je Portion

1 Die Kirschen entstielen, halbieren und entsteinen, dabei den austretenden Saft auffangen. Den Zucker mit dem Essig und den Gewürzen aufkochen. Die Kirschen und den Kirschsaft dazugeben und alles erneut aufkochen.

2 Die Kirschen in die Gläser füllen und den Sud darüber gießen. Die Gläser sofort verschließen und abkühlen lassen.

Variation
Statt der süßen Knorpelkirschen können Sie auch Glaskirschen oder Sauerkirschen verwenden. Bei Sauerkirschen sollte die Essigmenge auf 50 ml reduziert werden, damit die Kirschen nicht zu sauer werden.

Tipp
Dieses Kirschkompott eignet sich sehr gut als Beilage zu Fleisch-, Fisch- oder Grillgerichten.

Süß-saure Melonen mit Ingwer

- Evergreen
- dekorativ
- schnell
- dauert
- edel
- raffiniert
- für Kids

Zutaten

2 Ogen- oder Netzmelonen · $^1/_2$ l trockener Weißwein · 300 g Lindenblütenhonig · 8 El Essigessenz · 3 Sternanis · 8 Gewürznelken · 150 g Ingwerwurzel

Für 8 Gläser à $^1/_2$ l
Zubereitungszeit: ca. 40 Min.
ca. 22 kcal je Portion

1 Die Melonen halbieren, die Kerne entfernen und das Fruchtfleisch mit einem Kugelausstecher herausschälen. $^1/_4$ l Wasser mit dem Weißwein, dem Honig, der Essigessenz und den Gewürzen aufkochen. Den Ingwer in dünne Scheiben schneiden und dazugeben.

2 Die Melonenstücke in dem Sud etwa 5 Minuten bei geringer Hitze ziehen lassen, dann herausnehmen und in die Gläser füllen.

3 Den Sud erneut aufkochen und kochendheiß über die Melonenkugeln gießen. Die Gläser sofort fest verschließen und auf den Kopf gestellt abkühlen lassen.

Tipp

Die Früchte halten etwa 4 Monate und eignen sich als eine raffinierte Beilage zu Fleisch- oder Fischgerichten. Damit der Glasinhalt etwas farbiger ist, können auch einige Wassermelonenkugeln dazugegeben werden. Allerdings dürfen diese nicht erhitzt, sondern nur in die Gläser eingelegt werden, damit sie nicht zerfallen.

Variationen

Würziger werden die Melonen, wenn etwa 1 EL fein gehackter Ingwer in den Sud gegeben wird.
Wer keinen Ingwer mag, kann diesen durch etwa 8 cl Arrak ersetzen.

Zutaten
500 g grüne Paprikaschoten · 1 kg würzige Äpfel
2 EL Wacholderbeeren
1 l Apfelessig · 150 g brauner Zucker · 4 TL Salz

Für 2 Gläser à 1 l
Zubereitungszeit: ca. 45 Min.
Ziehzeit: 6 Wochen
ca. 48 kcal je Portion

Pikante Apfelringe

- Evergreen
- dekorativ
- schnell
- dauert
- edel
- raffiniert
- für Kids

1 Die Paprikaschoten putzen, die weißen Innenhäute entfernen, dann das Fruchtfleisch in Ringe schneiden. Die Äpfel schälen, die Kerngehäuse ausstechen und das Fruchtfleisch in nicht zu dicke Ringe schneiden.

2 Die Ringe schichtweise in die Gläser füllen und die Wacholderbeeren dazwischenstreuen.

3 Den Essig mit 1/2 l Wasser, dem Zucker und dem Salz aufkochen. Den Sud in die Gläser füllen, bis die Ringe ganz bedeckt sind, und die Gläser fest verschlossen abkühlen lassen.

Tipp
Die Apfelringe sollten vor dem Servieren etwa 6 Wochen in dem Sud ziehen. Sie sind eine fein würzige Beilage zu Fleisch und Fisch.

Eingelegte Hagebutten

Zutaten
1 kg Hagebutten · 60 ml Essigessenz · 500 g Zucker · 6 Gewürznelken · 1 Stückchen Ingwer · 1 Stückchen Zimt

Für 2 Gläser à $^1/_2$ l
Zubereitungszeit: ca. 50 Min.
ca. 170 kcal je Portion

Evergreen ⊕
dekorativ ⊖
schnell ⊖
dauert ⊕
edel ⊕
raffiniert ⊖
für Kids ⊖

1 Die Hagebutten putzen und entkernen. Die Essigessenz mit 375 ml Wasser, dem Zucker, den Nelken, dem Ingwer und dem Zimt aufkochen und etwa 2 Minuten kochen lassen. Die Hagebutten dazugeben und alles unter Rühren etwa 30 Minuten kochen.

2 Die Früchte aus dem Sud nehmen und in die Gläser füllen. Den Sud erneut aufkochen und heiß über die Früchte gießen, sodass diese gut bedeckt sind. Die Gläser sofort fest verschließen und auf den Kopf gestellt abkühlen lassen.

Tipps

Wenn Sie 4 cl Whisky zu den Hagebutten geben, werden die Früchte noch aromatischer. Die Früchte sind eine raffinierte Beilage zu Wild-, Geflügel- oder Grillgerichten.
Aus Hagebutten kann auch ein sehr feiner Likör gemacht werden. Dazu die geputzten Hagebutten halbieren, je 500 g Früchte und 200 g Kandis dazugeben und alles mit Korn (38 %) übergießen, etwa 14 Tage im Dunkeln ziehen lassen, dann filtern und in Flaschen abfüllen.

Birnen und Pflaumen in Rotwein

- Evergreen
- dekorativ
- schnell
- dauert
- edel
- raffiniert
- für Kids

Zutaten

50 ml Essigessenz (25 %) · 500 g Birnen · 500 g Pflaumen

500 g weißer Kandis · 1 Stange Zimt · 7 Gewürznelken · 450 ml kräftiger Rotwein · 150 ml Rotweinessig

Für 2 Gläser à 1/2 l
Zubereitungszeit: ca. 45 Min.
ca. 173 kcal je Portion

1 Die Birnen schälen, vierteln, entkernen und in etwas Essigwasser legen. Die Pflaumen entsteinen.

2 Den Kandis, den Zimt, die Nelken, den Rotwein und den Essig aufkochen. Die Früchte in den Sud geben und etwa 1 Minute kochen lassen. Die Früchte wieder aus dem Sud nehmen und in die Gläser füllen.

3 Den Sud erneut aufkochen und über die Früchte gießen. Die Gläser sofort verschließen.

Tipp

Dies ist eine ideale Beilage zu Fleischgerichten oder Desserts. Genauso können Sie auch andere Früchte wie Renekloden, Aprikosen usw. einlegen. Sogar exotische Früchte wie Karambolen können verwendet werden. Dabei eventuell den Sud vor dem Übergießen erneut abschmecken und nachsüßen.

Zutaten
500 g Apfelringe · 200 g Mandeln (mit Haut) · 0,7 l Calvados · 200 ml Apfelsaft

Für 2 Gläser à 1 l
Zubereitungszeit: ca. 20 Min.
Ziehzeit: 2 Wochen
ca. 52 kcal je Portion

Äpfel in Calvados mit Mandeln

- ⊕ Evergreen
- ⊕ dekorativ
- ⊕ schnell
- ⊖ dauert
- ⊖ edel
- ⊖ raffiniert
- ⊖ für Kids

1 Die Apfelringe und die Mandeln in die Gläser füllen, mit dem Calvados und dem Apfelsaft übergießen.

2 Die Gläser fest verschließen und vor dem Servieren die eingelegten Apfelringe etwa 2 Wochen ziehen lassen.

Tipps
Für die Zubereitung können auch getrocknete Apfelringe verwendet werden. Als Variation können Sie ebenfalls andere getrocknete Früchte verwenden.
Die Äpfel eignen sich sehr gut als Beilage zu Fleischgerichten oder zu Desserts.

Campari-Wein-Äpfel

Evergreen ⊕
dekorativ ⊕
schnell ⊕
dauert ⊖
edel ⊖
raffiniert ⊖
für Kids ⊖

Zutaten

3/4 l fruchtiger Weißwein · 175 ml Campari · 1 Stange Zimt · 8 EL Diabetiker-Streusüße · 4 EL Zitronensaft · 1/4 TL Ingwerpulver · 5 Gewürznelken ·
1–2 kg kleine fest kochende Äpfel
1 P. Einmachhilfe

Für 4 Gläser à 1/2 l
Zubereitungszeit: ca. 30 Min.
ca. 40 kcal je Portion

1 Den Wein mit 700 ml Wasser, dem Campari, der Zimtstange, der Streusüße, dem Zitronensaft und den Gewürzen aufkochen. Die Äpfel schälen und sofort in den Campari-Sud legen. Alles bei geringer Hitze etwa 5 Minuten ziehen lassen, dann aus dem Sud nehmen und in die Gläser füllen.

2 Den Sud erneut aufkochen und die Einmachhilfe nach Packungsanleitung einrühren. Den Sud kochend heiß über die Äpfel gießen. Die Gläser sofort fest verschließen.

Tipp
Die Campari-Wein-Äpfel harmonieren mit Wild-, Geflügel- und Grillgerichten.

Variation
Sehr lecker schmecken auch in Campari eingelegte Birnen. Dazu sollten festere Sorten wie z. B. Abate Fetel verwendet werden. Die Birnen putzen, schälen, entkernen und das Fruchtfleisch in Würfel schneiden. Alternativ das Fruchtfleisch mit einem Ausstecher als Kugeln herausschälen. Diese nach den Rezeptangaben einlegen.

Pikante Kumquats in Kirschwasser

- Evergreen
- dekorativ
- schnell
- dauert
- edel
- raffiniert
- für Kids

Zutaten

500 g Kumquats ·
7 EL Diabetiker-Streusüße

150 ml Kirschwasser ·
2 Sternanis · 4 Gewürznelken ·
1 P. Einmachhilfe

Für 2 Gläser à $^1/_4$ l
Zubereitungszeit: ca. 35 Min.
ca. 77 kcal je Portion

1 Die Kumquats rundum mit einem Holzspieß einstechen. 400 ml Wasser mit 4 EL Streusüße aufkochen und die Kumquats darin etwa 3 Minuten köcheln lassen. Die Kumquats aus dem Sud nehmen.

2 Dann $^1/_4$ l Sud mit Kirschwasser, Sternanis, Nelken und restlicher Streusüße verrühren und erneut aufkochen. Die Kumquats in diesem Sud weitere 3 Minuten köcheln lassen. Die Einmachhilfe nach Packungsanleitung einrühren.

3 Die eingekochten Früchte mit dem Sud in die Gläser füllen und diese sofort verschließen.

Tipp
Die Kumquats schmecken gut als Dessert oder als Beilage zu Fleisch und vielen anderen Gerichten. Durch den Einsatz von Streusüße sind sie auch für Diabetiker geeignet.

Variation
Statt Kirschwasser können Sie auch Calvados oder Himbeergeist nehmen. Die Früchte erhalten so weitere interessante Geschmacksnoten.

Würzige Papayas in Orangenlikör

- ⊖ Evergreen
- ⊕ dekorativ
- ⊕ schnell
- ⊖ dauert
- ⊕ edel
- ⊕ raffiniert
- ⊖ für Kids

Zutaten

2 Papayas · 1 Orange ·
1 Vanilleschote

3 Gewürznelken · 5 Sternanis·
$^{1}/_{2}$ l Orangenlikör

Für 1 Glas à 1 $^{1}/_{2}$ l
Zubereitungszeit: ca. 30 Min.
Ziehzeit: 2 Tage
ca. 70 kcal je Portion

1 Die Papayas halbieren, schälen und die Kerne herausschaben, das Fruchtfleisch würfeln. Die Orange schälen, alle weißen Häute entfernen und die Spalten filetieren. Die Vanilleschote der Länge nach aufschneiden und das Mark herauskratzen.

2 Papaya-Fruchtwürfel, Orangenfilets, Vanillemark, Nelken und Sternanis in das Glas füllen. Mit dem Likör übergießen, bis alles gut bedeckt ist, und das Glas fest verschließen.

Tipps

Die Früchte müssen vor dem Servieren etwa 2 Tage ziehen. Das Glas sollte kühl und dunkel gelagert werden.
Die Früchte halten etwa 10 Tage und schmecken gut als Dessert mit Eis oder zu Fondues.

Variation

Eine eher säuerliche Note erhalten die Papayas, wenn anstelle der Orange eine vollreife Zitrone verwendet wird.

Zutaten

500 g weiße Trauben ·
500 g blaue Trauben ·
$^1/_2$ l fruchtiger Weißwein · 100 ml Weißweinessig ·
500 g Zucker · etwas Muskatblüte

Für 2 Gläser à $^1/_2$ l
Zubereitungszeit: ca. 20 Min.
ca. 176 kcal je Portion

Trauben in Weißwein

1 Die Trauben waschen, halbieren und entkernen. Den Weißwein, den Zucker und die Muskatblüte aufkochen. Die Früchte dazugeben und kurz mitkochen lassen.

2 Die Früchte aus dem Sud nehmen, abtropfen lassen und in die Gläser füllen. Den Sud erneut aufkochen und heiß über die Trauben gießen. Die Gläser sofort verschließen.

Evergreen ⊖
dekorativ ⊕
schnell ⊕
dauert ⊖
edel ⊖
raffiniert ⊕
für Kids ⊖

Tipp
Die eingelegten Trauben passen optimal als Beilage zu Fleisch-, Fisch- oder Grillgerichten, aber auch zu Desserts oder Pfannkuchen.

Zutaten

500 g frische Feigen · 1/4 unbehandelte Zitrone · 1/2 l trockener Rotwein ·
5 EL Diabetiker-Streusüße
1 P. Einmachhilfe

Für 2 Gläser à 1/2 l
Zubereitungszeit: ca. 35 Min.
ca. 44 kcal je Portion

Feigen in Rotwein

- Evergreen
- dekorativ
- schnell
- dauert
- edel
- raffiniert
- für Kids

1 Die Feigen putzen und halbieren. Die Zitrone in Scheiben schneiden. Den Rotwein mit der Zitrone und 3 EL Streusüße aufkochen und dann die Feigen darin etwa 3 Minuten ziehen lassen. Die Feigen wieder aus dem Sud nehmen und in die Gläser geben.

2 Den Sud mit der restlichen Streusüße erneut aufkochen und abschmecken. Die Einmachhilfe nach Packungsanleitung einrühren. Den Sud kochend heiß über die Früchte gießen, sodass diese ganz bedeckt sind.

3 Die gefüllten Gläser sofort verschließen und auf den Kopf gestellt abkühlen lassen.

Variation

Feigen in Armagnac: Die Feigen mit 500 g weißem Kandiszucker, 3 EL Orangenhonig und 0,7 l Armagnac in ein Glas geben. Alles etwa 2 Wochen ziehen lassen. Kühl aufbewahrt sind die Feigen etwa 2 Monate haltbar.

Pflaumen und Walnüsse in Armagnac

Zutaten
750 g halb getrocknete Pflaumen
125 g Walnusskerne ·
0,7 l Armagnac

Evergreen ⊖
dekorativ ⊕
schnell ⊕
dauert ⊖
edel ⊕
raffiniert ⊕
für Kids ⊖

1 Pflaumen und Walnüsse abwechselnd in Schichten in die Gläser füllen.

2 Mit dem Armagnac übergießen. Die Gläser fest verschließen. Vor dem Servieren etwa 1 Woche ziehen lassen.

Für 2 Gläser à 3/4 l
Zubereitungszeit: ca. 15 Min.
Ziehzeit: 1 Woche
ca. 166 kcal je Portion

Tipp
Die eingelegten Früchte eignen sich sehr gut als Beilage zu Wild, Pfannkuchen oder Pudding.

Variation
Sie können auch getrocknete und entsteinte Pflaumen aus dem Reformhaus nehmen. Die Früchte müssen vor dem Servieren dann mindestens 3 Wochen ziehen.

Mangos in Rosé

- Evergreen
- dekorativ
- schnell
- dauert
- edel
- raffiniert
- für Kids

Zutaten

1 1/2 kg reife Mangos

100 ml Passionsfruchtsaft (Reformhaus) · 200 ml Grapefruitsaft
1/4 l trockener Rosé · 6 EL Diabetiker-Streusüße

1 P. Einmachhilfe

Für 2 Gläser à 1/2 l
Zubereitungszeit: ca. 40 Min.
ca. 86 kcal je Portion

1 Die Mangos halbieren, die Kerne entfernen, die Früchte schälen und in dünne Scheiben schneiden.

2 Die Säfte und den Wein mit 3 EL Streusüße aufkochen, die Mangoscheiben in den Sud geben und alles etwa 1 Minute dünsten. Die Mangoscheiben aus dem Sud nehmen und in die Gläser füllen.

3 Den Sud erneut aufkochen, die restliche Streusüße und die Einmachhilfe nach Packungsanleitung einrühren und kochend heiß über die Früchte gießen. Die Gläser sofort verschließen und auf den Kopf gestellt abkühlen lassen.

Tipp
Durch die Zugabe von 10 cl Gin werden die Mangos noch pikanter. Die Früchte passen gut als Beilage zu Wild-, Fleisch-, Fisch- oder Grillgerichten. Da Streusüße verwendet wird, sind die Früchte auch als Dessert für Diabetiker geeignet.

Variation
Die Diabetiker-Streusüße kann auch durch 250 g Rohrzucker ersetzt werden.

Brombeeren in Rum

- + Evergreen
- + dekorativ
- + schnell
- − dauert
- + edel
- − raffiniert
- − für Kids

Zutaten

300 g Brombeeren · 125 ml Rum (54 %) · 2 unbehandelte Zitronenscheiben · 1/2 Zimtstange · 120 g Puderzucker · 1 P. Vanillezucker

Für 1 Glas à 3/4 l
Zubereitungszeit: ca. 20 Min.
Ziehzeit: 2 Wochen
ca. 83 kcal je Portion

1 Die Brombeeren putzen und in ein Glas füllen. Den Rum, die Zitronenscheiben, die Zimtstange, den Puderzucker und den Vanillezucker hinzugeben und alles vorsichtig verrühren.

2 Das Glas sofort fest verschließen und die Früchte vor dem Verzehr mindestens 2 Wochen ziehen lassen.

Variation

Nach Belieben können Sie auch mehrere Zimstangen zu den Brombeeren geben.

Tipps

Die Beeren eignen sich nicht nur für Desserts, sondern auch als Beilage zu Wild-, Fleisch- und Grillgerichten. Kühl gelagert sind sie etwa 2 Monate haltbar.
Die schnelle Dessertidee: Die Früchte unter etwas leicht gesüßte Schlagsahne heben und kühl servieren.

Zutaten

5 frische Mandarinen (etwa 750 g) · 1 Vanilleschote · 150 g weißer Kandiszucker
0,7 l Genever

Für 1 Glas à 1 1/2 l
Zubereitungszeit: ca. 20 Min.
Ziehzeit: 2 Wochen
ca. 99 kcal je Portion

Mandarinen in Genever

1 Die Mandarinen schälen und das Fruchtfleisch quer in Scheiben schneiden. Die Vanilleschote der Länge nach halbieren, dann quer in drei Teile schneiden. Die Scheiben mit dem Kandis und den Vanilleschoten in ein Glas schichten.

2 Den Genever über die Früchte gießen, sodass diese vollständig bedeckt sind. Das Glas fest verschließen und vor dem Servieren etwa 2 Wochen ziehen lassen.

- Evergreen –
- dekorativ +
- schnell +
- dauert –
- edel +
- raffiniert +
- für Kids –

Tipp
Kühl gelagert halten die Früchte etwa 2 Monate. Sie eignen sich für Desserts, aber auch als feine Beilage zu Braten oder Wildgerichten.

Exotische Früchte in Himbeergeist

- ⊖ Evergreen
- ⊕ dekorativ
- ⊕ schnell
- ⊖ dauert
- ⊕ edel
- ⊕ raffiniert
- ⊖ für Kids

Zutaten

1 Karambola · 2 Kiwis · 1 Papaya · 1 Mango · 300 g weißer Kandiszucker

1 Flasche Himbeergeist (0,7 l) oder 6 cl Gin

Für 1 Glas à 1 1/2 l
Zubereitungszeit: ca. 15 Min.
Ziehzeit: 2 Wochen
ca. 117 kcal je Portion

1 Die Früchte ggf. entsteinen und in Scheiben oder Spalten schneiden. Die Früchte mit dem Kandiszucker in ein Glas schichten.

2 Den Himbeergeist oder den Gin darüber gießen, sodass die Früchte vollständig bedeckt sind. Das Glas sofort fest verschließen und die Früchte vor dem Servieren mindestens 2 Wochen ziehen lassen.

Tipps

Für dieses Rezept können nahezu alle exotischen Früchte verwendet werden. Gekühlt sind die Früchte etwa 2–3 Monate haltbar.
In kleinere Gläser gefüllt sind die Fruchtgläser ein hübsches Geschenk. Sie schmecken gut als Dessert oder mit Eis, Pudding oder Pfannkuchen.

Zutaten

150 g Zucker · 6 EL Zitronensaft · 1/2 l Weinbrand

250 g Aprikosen · 4 Stangen Zimt · 250 g getrocknete, entsteinte Pflaumen

Für 1 Glas à 1 l
Zubereitungszeit: ca. 20 Min.
Ziehzeit: 3 Wochen
ca. 141 kcal je Portion

Weinbrandfrüchte

- ⊕ Evergreen
- ⊕ dekorativ
- ⊖ schnell
- ⊖ dauert
- ⊕ edel
- ⊖ raffiniert
- ⊖ für Kids

1 Den Zucker mit dem Zitronensaft unter Rühren aufkochen, etwa 2 Minuten köcheln lassen und den Weinbrand dazugeben.

2 Die Aprikosen halbieren und entsteinen. Den Zimt in Stücke brechen. Beides mit den Pflaumen in ein Glas schichten. Den Weinbrandsirup darüber gießen, sodass die Früchte vollständig bedeckt sind.

3 Das Glas fest verschließen und die Früchte vor dem Verzehr etwa 3 Wochen ziehen lassen.

Tipp
Die Früchte halten sich etwa 1/2 Jahr und schmecken besonders gut zu Vanilleeis mit Schlagsahne. Einfach etwas von dem Sirup über das Dessert geben.

Tipp
Die Früchte schmecken sehr gut als Dessert oder als Beilage zu Eis, Pfannkuchen und/oder Crêpes. Wenn die Rosinen nicht so viel Alkohol aufnehmen sollen, vor der Verwendung etwa 24 Stunden in Wasser einlegen und wie im Rezept angegeben weiterverwenden.

Rum-Mirabellen mit Rosinen

Zutaten

1 1/2 kg Mirabellen · 200 g helle Rosinen · 1 l Rum

500 g Zucker · 12 Gewürznelken

Für 6 Gläser à 1/2 l
Zubereitungszeit: ca. 50 Min.
Ziehzeit: 12 Std.
ca. 132 kcal je Portion

Evergreen ⊖
dekorativ ⊕
schnell ⊖
dauert ⊕
edel ⊖
raffiniert ⊖
für Kids ⊖

1 Die Mirabellen entstielen und die Rosinen abspülen. Beides in die Gläser füllen und den Rum darüber gießen. Die Früchte über Nacht ziehen lassen.

2 Den Zucker mit den Nelken und 1/2 l Wasser aufkochen. Den Sud auf die Gläser verteilen, diese fest verschließen und in einem Einmachtopf im Wasserbad bei 90 °C etwa 30 Minuten einkochen.

Ananas und Kokosnuss in Rum

- Evergreen
- dekorativ
- schnell
- dauert
- edel
- raffiniert
- für Kids

Zutaten

$^1/_2$ frische, geschälte Ananas (etwa 400 g) · 200 g Kokosnussfleisch · 1 Vanilleschote · 1 Zweig frische Minze · 100 g brauner Kandiszucker

$^1/_2$ l weißer Rum · $^1/_8$ l klarer Kokosnusslikör · 1 EL Pfefferminzlikör

Für 1 Glas á 1 $^1/_2$ l
Zubereitungszeit: ca. 40 Min.
Ziehzeit: 2 Wochen
ca. 126 kcal je Portion

1 Das Fruchtfleisch der Ananas in Scheiben, dann in Stücke schneiden. Ebenfalls das Kokosnussfleisch und die Vanilleschote in Stücke schneiden. Die Minze waschen, trockentupfen und die Blättchen abzupfen. Alles mit dem Kandis in ein Glas schichten.

2 Den Rum und die Liköre darüber gießen, sodass die Früchte ganz bedeckt sind. Das Glas fest verschließen und vor dem Servieren mindestens 2 Wochen ziehen lassen.

Tipps

Kühl aufbewahrt, halten die Früchte etwa 2 Monate.
Die Früchte sind eine raffinierte Beilage zu Desserts, aber auch zu Fondues und asiatischen Gerichten.

Variation

Die Ananas kann durch andere exotische Früchte wie Papayas, Mangos oder Karambolen ersetzt werden.

Vanille-Äpfel

- Evergreen
- dekorativ
- schnell
- dauert
- edel
- raffiniert
- für Kids

Zutaten

2 unbehandelte Zitronen · 2 Vanilleschoten · $^3/_4$ l Cidre · $^1/_2$ l Apfelsaft · 300 g Gelierzucker

3 $^1/_2$ kg kleine säuerliche Äpfel · 100 ml Apfelessig · 0,7 l Essig

Für 7 Gläser à 1 l
Zubereitungszeit: ca. 45 Min.
ca. 34 kcal je Portion

1 Die Zitronen dünn schälen, die Vanilleschoten der Länge nach halbieren und das Mark herauskratzen. Zitronenschale, Cidre, Apfelsaft und Vanillemark mit dem Gelierzucker kurz aufkochen und beiseite stellen.

2 Die Äpfel waschen, putzen und schälen und in reichlich Essigwasser einlegen. Die Äpfel halbieren, die Kerngehäuse entfernen und die Früchte in die Gläser schichten.

3 Den Sud über die Früchte gießen, sodass sie ganz bedeckt sind. Die Gläser fest verschließen und bei 90 °C etwa 30 Minuten einkochen.

Tipp

Die Äpfel sind ein idealer Begleiter zu Pudding und anderen Süßspeisen, aber auch zu Eis oder Wildgerichten.

Pfirsiche mit Mandeln

- ⊕ Evergreen
- ⊕ dekorativ
- ⊖ schnell
- ⊕ dauert
- ⊖ edel
- ⊖ raffiniert
- ⊕ für Kids

Zutaten

3 kg Pfirsiche · 500 g Zucker
1 unbehandelte Zitrone ·
100 g Mandelkerne, geschält

Für 4 Gläser à 3/4 l
Zubereitungszeit: ca. 50 Min.
ca. 76 kcal je Portion

1 Die Pfirsiche mit kochendem Wasser übergießen, mit kaltem Wasser abschrecken, enthäuten, halbieren und entsteinen. 1 1/2 l Wasser mit dem Zucker aufkochen.

2 Die Zitrone hauchdünn schälen, auspressen und den Saft zum Zuckerwasser geben. Die Früchte mit der Zitronenschale und den Mandeln in Gläser füllen.

3 Die Gläser mit dem Zuckerwasser auffüllen und fest verschließen. Bei 75 °C in etwa 25–30 Minuten einkochen.

Tipps

Auf die gleiche Weise können Sauerkirschen oder Aprikosen eingekocht werden.
Die Früchte passen als Beilage zu Fleisch, Wild oder Grillgerichten.

Variation

Aromatischer werden die Früchte, wenn die Wassermenge reduziert und die gleiche Menge Weißwein dazugegeben wird.

Zutaten

750 g Himbeeren · 750 g rote Johannisbeeren · 350 g schwarze Johannisbeeren · 500 g Gelierzucker

Für 4 Gläser à 1/2 l
Zubereitungszeit: ca. 40 Min.
Ziehzeit: ca. 6 Std.
ca. 87 kcal je Portion

Drei-Beeren-Kompott

1 Die Früchte waschen, verlesen, entstielen, mit dem Zucker vermischen und etwa 6 Stunden lang Saft ziehen lassen.

2 Die Früchte in die Gläser füllen. Den Saft aufkochen und heiß über die Früchte gießen. Die Gläser sofort verschließen.

Evergreen ⊕
dekorativ ⊖
schnell ⊖
dauert ⊕
edel ⊖
raffiniert ⊖
für Kids ⊕

Tipps

Ebenso können auch andere Beerenfrüchte wie Brombeeren, Heidelbeeren oder Cranberries eingemacht werden. Das Kompott schmeckt nicht nur als Dessert, sondern auch zu Wild- oder Grillgerichten.

Aprikosentopf

- Evergreen
- dekorativ
- schnell
- dauert
- edel
- raffiniert
- für Kids

Zutaten

3 kg Aprikosen

1/2 l Essig · 450 g Zucker · 1/2 Vanilleschote · 1 TL Salz

Für 2 Steinguttöpfe à 2 l
Zubereitungszeit: ca. 45 Min.
Ziehzeit: 1 Woche
ca. 54 kcal je Portion

1 Die Aprikosen mit kochendem Wasser übergießen, abschrecken, enthäuten, halbieren und entsteinen. Die Früchte in Steinguttöpfe füllen.

2 Den Essig mit 1/2 l Wasser, dem Zucker und der Vanilleschote aufkochen und alles kochend heiß über die Früchte gießen, sodass diese ganz bedeckt sind.

3 Die Töpfe zudecken und die Früchte 8 Tage ziehen lassen. Den Sud abgießen, aufkochen und heiß über die Früchte gießen. Die Töpfe gut verschließen.

Tipps

Legen Sie Kirschen, Mirabellen oder Pflaumen nach diesem Rezept ein. Die Früchte halten etwa 3 Monate, wenn die Töpfe gut verschlossen sind.

Die Früchte können zu Puddings, Süßspeisen oder Pfannkuchen serviert werden.

Apfelstücke mit blauen Trauben

- Evergreen
- dekorativ
- schnell
- dauert
- edel
- raffiniert
- für Kids

Zutaten

1 kg säuerliche Äpfel ·
500 g blaue Trauben ·
1 Vanilleschote

2 TL gehackter Ingwer

350 ml Apfelessig · 1/4 l
Apfelsaft · 1/4 l Korn (48 %) ·
150 g Zucker

Für 4 Gläser à 1/2 l
Zubereitungszeit: ca. 35 Min.
Ziehzeit: 1 Woche
ca. 70 kcal je Portion

1 Die Äpfel schälen, achteln und die Kerngehäuse entfernen. Die Trauben waschen und von den Stängeln lösen. Die Vanilleschote längs und quer halbieren.

2 Die Äpfel mit den Trauben vermischen und mit je 1/4 Vanilleschote und 1/2 TL Ingwer in die Gläser füllen.

3 Essig, Saft, Korn und Zucker köcheln lassen, bis sich der Zucker ganz aufgelöst hat. Den Sud über die Früchte in die Gläser gießen, diese sofort fest verschließen und auf den Kopf gestellt abkühlen lassen.

Tipp

Vor dem Servieren sollten die Früchte etwa 1 Woche ziehen. Sie eignen sich als Beilage zu Desserts oder Fleischgerichten.

Variation

Die Äpfel können Sie durch Birnen ersetzen. Dazu die Birnen wie im Rezept angegeben zubereiten. Es empfiehlt sich, Birnen mit kräftigem Eigenaroma zu verwenden, die nicht zu weich sind.

Pfirsich-Preiselbeer-Kompott

- ⊕ Evergreen
- ⊖ dekorativ
- ⊖ schnell
- ⊕ dauert
- ⊖ edel
- ⊖ raffiniert
- ⊕ für Kids

Zutaten

1,5 kg vollreife Pfirsiche ·
500 g Preiselbeeren

250 g Zucker · 1/2 P. Gelierpulver (1:1)

Für 4 Gläser à 1/2 l
Zubereitungszeit: ca. 50 Min.
ca. 57 kcal je Portion

1 Die Pfirsiche mit kochendem Wasser überbrühen, abschrecken und enthäuten. Die Früchte vierteln und entsteinen. Die Preiselbeeren verlesen.

2 Den Zucker in 350 ml Wasser aufkochen und das Gelierpulver einrühren. Die Früchte schichtweise in die Gläser füllen und mit dem kochend heißen Sud übergießen.

3 Die Gläser in einem Einmachtopf im Wasserbad bei 90 °C etwa 30 Minuten kochen.

Tipps

Wenn Sie 1–2 kleine Ingwerstückchen zugeben, wird das Kompott noch würziger. Es passt gut als Beilage zu Fleisch-, Wild- und Fischgerichten.

Variation

Die Pfirsiche können ganz oder teilweise durch Aprikosen ersetzt werden. Die Zubereitung erfolgt nach dem Rezept.

Apfel-Minz-Chutney

- ⊕ Evergreen
- ⊕ dekorativ
- ⊖ schnell
- ⊕ dauert
- ⊖ edel
- ⊖ raffiniert
- ⊖ für Kids

Zutaten

450 g säuerliche Äpfel ·
450 g Zwiebeln · 250 g Tomaten ·
1 Bund Minze

300 g Rosinen · 2 TL Salz ·
2 TL mittelscharfer Senf ·
1/2 l Kräuteressig · 450 g Zucker

Für 2 Gläser à 1/2 l
Zubereitungszeit: ca. 60 Min.
ca. 200 kcal je Portion

1 Die Äpfel schälen, vierteln und entkernen. Die Zwiebeln schälen und mit den Äpfeln grob zerkleinern. Die Tomaten achteln und die Minze grob hacken. Alles mit einem Fleischwolf oder Mixer zerkleinern und in einen Topf füllen.

2 Rosinen, Salz, Senf und Essig unterrühren. Alles etwa 20 Minuten köcheln lassen, dann den Zucker unter Rühren dazugeben. Alles nochmals aufkochen, abschmecken und in die Gläser füllen. Diese sofort verschließen.

Tipp
Das Chutney hält ungefähr 3–4 Monate und passt sehr gut zu Fleisch, Fisch, Fondue und Grillgerichten.

Variation
Die Äpfel können durch leicht säuerliche Birnen oder Birnen mit ausreichend Eigenaroma ersetzt werden.

Melonen-Orangen-Chutney

- Evergreen
- dekorativ
- schnell
- dauert
- edel
- raffiniert
- für Kids

Zutaten

1 kg Honigmelonenfleisch · 1 große Orange · 2 grüne Paprikaschoten

75 g Sultaninen · 6 EL Essigessenz · 425 g Zucker · $^1/_2$ TL Salz · 1 TL gemahlener Piment

Für 2 Gläser à $^1/_2$ l
Zubereitungszeit: ca. 60 Min.
ca. 137 kcal je Portion

1 Das Fruchtfleisch der Melonen fein würfeln, die Orange schälen, Kerne entfernen und das Fruchtfleisch in kleine Stücke schneiden. Die Paprika putzen und würfeln.

2 Alles mit den Sultaninen, $^1/_4$ l Wasser und den restlichen Zutaten in einem Topf bei etwa 170 °C unter Rühren etwa 35 Minuten köcheln lassen. Alles kochend heiß in die Gläser füllen und diese fest verschließen.

Tipp
Kühl und dunkel gelagert hält das Chutney etwa 3–4 Monate.

Variation
500 g Honigmelonenfleisch und 500 g entsteinte und gehäutete Pflaumen verwenden. Die Zubereitung erfolgt wie im Rezept angegeben. Wichtig ist, dass die Pflaumen wirklich klein gewürfelt werden.

Zutaten

1,5 kg vollreife Zwetschgen · 500 g Äpfel · 500 g Zwiebeln

500 g Rosinen · 1/3 l Weißweinessig · 250 g brauner Zucker · 1 EL Salz · 1 TL gemahlener Piment · 1 EL Ingwerpulver · 1/2 TL gemahlene Nelken

Für 4 Gläser à 1/2 l
Zubereitungszeit:
ca. 1 1/4 Std.
ca. 122 kcal je Portion

Zwetschgen-Apfel-Chutney

1 Die Zwetschgen halbieren und entsteinen. Die Äpfel schälen und entkernen. Die Zwiebeln schälen und hacken. Alles im Mixer grob zerkleinern oder durch einen Fleischwolf drehen und in einen Topf geben.

2 Rosinen, Essig und Gewürze hinzugeben und alles unter Rühren etwa 1 Stunde köcheln lassen.

3 Kochend heiß in die Gläser füllen, diese sofort verschließen und auf den Kopf gestellt abkühlen lassen.

Tipp
Das Chutney hält kühl und dunkel gelagert etwa 3–4 Monate.

- Evergreen ⊖
- dekorativ ⊕
- schnell ⊖
- dauert ⊕
- edel ⊖
- raffiniert ⊕
- für Kids ⊖

Variation
Die Zwetschgen können durch rote oder grüne Tomaten ersetzt werden. Dann noch einige gehackte Minzeblättchen und 2 TL scharfen Senf hinzufügen.

Preiselbeer-Chutney

- Evergreen
- dekorativ
- schnell
- dauert
- edel
- raffiniert
- für Kids

Zutaten

500 g rote Zwiebeln ·
1 1/2 kg Preiselbeeren ·
400 g brauner Zucker ·
80 ml Essigessenz ·
1/4 l trockener Rotwein ·
100 ml Crème de Cassis ·
2 TL Salz · 1 Msp. Cayennepfeffer

Für 4 Gläser à 450 ml
Zubereitungszeit: ca. 60 Min.
ca. 89 kcal je Portion

1 Die Zwiebeln schälen und fein hacken. Die Beeren verlesen. Beides mit den anderen Zutaten bei mittlerer Hitze in einem Topf etwa 45 Minuten unter häufigem Rühren köcheln lassen, bis die Masse dicklich ist.

2 Das Chutney kochendheiß in die Gläser füllen und diese sofort verschließen. Alles abkühlen lassen.

Variation

Sollte das Chutney eher mild sein, können Sie die roten Zwiebeln durch die gleiche Menge Gemüsezwiebeln ersetzen. Dann statt braunen Zucker weißen Zucker nehmen.

Tipps

Das Chutney hält etwa 3–4 Monate und passt zu Rinderbraten, Wild- und Grillgerichten.

Noch würziger wird das Chutney, wenn Sie einige Wacholderbeeren oder etwas Gin hineingeben.

Zutaten

750 g Zwiebeln · 500 g Tomaten · 6 große Orangen · 6 große Äpfel
150 g frischer Ingwer

80 ml Essigessenz · 2 EL Cointreau · 375 g brauner Zucker · 1 TL Salz

Für 4 Gläser à 1/2 l
Zubereitungszeit: ca. 135 Min.
ca. 90 kcal je Portion

Frucht-Ingwer-Chutney

- Evergreen
- dekorativ
- schnell
- dauert
- edel
- raffiniert
- für Kids

1 Die Zwiebeln schälen und grob zerteilen. Die Tomaten vierteln. Die Orangen schälen und die Kerne entfernen. Die Äpfel schälen, vierteln und entkernen. Den Ingwer putzen. Alles durch einen Fleischwolf drehen oder mit einer Küchenmaschine zerkleinern.

2 Alles in einen Topf geben, mit den restlichen Zutaten vermischen, aufkochen und bei ca. 90 °C etwa 1 1/2–2 Stunden köcheln lassen, dabei öfter umrühren, bis die Masse dicklich wird.

3 Die Masse kochend heiß in die Gläser füllen, diese sofort verschließen und auf den Kopf gestellt abkühlen lassen.

Tipps

Kühl und dunkel gelagert hält das Chutney bis zu 6 Monate.

Variation

Wer das Chutney etwas herber mag, kann den Cointreau durch Gin ersetzen oder 1/4 TL gemahlene Wacholderbeeren dazugeben.

Zutaten

800 g Pfirsiche · 100 g Sultaninen
3 Zwiebeln (à 125 g) · 400 g brauner Zucker · 1/2 TL Safran
1/4 l Weißweinessig · 1 TL Ingwerpulver · 1 TL Chilipulver

Für 3 Gläser à 1/2 l
Zubereitungszeit: ca. 40 Min.
ca. 92 kcal je Portion

Pfirsich-Safran-Chutney

1 Die Pfirsiche kochend heiß überbrühen, abschrecken, enthäuten, entkernen und in sehr dünne Scheiben schneiden. Die Zwiebeln fein hacken. Pfirsiche, Sultaninen, Zwiebeln, Zucker und Safran in einem Topf etwa 10 Minuten unter Rühren kochen lassen.

2 Den Essig und das Ingwerpulver unterrühren und etwa 30 Minuten köcheln lassen, dann das Chilipulver unterrühren. Alles kochend heiß in die Gläser füllen und diese fest verschlossen auf den Kopf stellen und abkühlen lassen.

Evergreen +
dekorativ +
schnell −
dauert +
edel +
raffiniert +
für Kids −

Tipp
Kühl gelagert hält das Chutney etwa 3–4 Monate. Es schmeckt gut zu Braten, Geflügel und gedünstetem Fleisch. Mit Chilistreifen garniert wirkt es besonders appetitlich.

Feigen-Kumquat-Chutney

- ⊕ Evergreen
- ⊕ dekorativ
- ⊖ schnell
- ⊕ dauert
- ⊕ edel
- ⊕ raffiniert
- ⊖ für Kids

Zutaten

500 g frische Feigen · 200 g Kumquats · 100 g Sultaninen · 200 ml Orangensaft · 1/4 l Weißweinessig · 5 EL brauner Zucker · 2 EL Senfkörner · 1 TL Salz · 1 TL Ingwerpulver

Für 2 Gläser à 0,2 l
Zubereitungszeit: ca. 60 Min.
ca. 155 kcal je Portion

1 Die Feigen schälen und mit den Kumquats würfeln. Die Fruchtwürfel mit den Sultaninen, dem Orangensaft und den restlichen Zutaten in einem Topf erhitzen.

2 Alles bei etwa 170 °C unter Rühren etwa 35 Minuten köcheln lassen, kochend heiß in die Gläser füllen und diese sofort verschließen. Auf den Kopf gestellt abkühlen lassen.

Tipps

Kühl und dunkel gelagert hält das Chutney etwa 4 Monate.
Sollten keine frischen Feigen erhältlich sein, können Sie auch getrocknete Feigen nehmen. Diese sollten Sie vor der Zubereitung aber mindestens 24 Stunden in Wasser einweichen. Das Einweichwasser kann für den Kochsud mit verwendet werden.

Johannisbeer-Aprikosen-Chutney

- ⊕ Evergreen
- ⊖ dekorativ
- ⊕ schnell
- ⊖ dauert
- ⊖ edel
- ⊖ raffiniert
- ⊕ für Kids

Zutaten
250 g rote Johannisbeeren · 250 g Aprikosen · 150 g Banane (jeweils vorbereitet gewogen) · 1 Zwiebel · 50 g Sultaninen · 300 g brauner Zucker · 60 ml Essigessenz · 1 TL Salz · 1 Msp. Cayennepfeffer

Für 2 Gläser à 1/2 l
Zubereitungszeit: ca. 60 Min.
ca. 105 kcal je Portion

1 Die Beeren waschen und entstielen, die Aprikosen halbieren und entsteinen, die Banane schälen. Die Zwiebel schälen. Aprikosen, Banane und Zwiebel fein würfeln. Alles in einen Topf geben. Die restlichen Zutaten hinzufügen.

2 Alles bei mittlerer Hitze unter Rühren im offenen Topf etwa 20 Minuten köcheln lassen, abschmecken und kochend heiß in die Gläser füllen. Diese sofort verschließen und auf den Kopf gestellt abkühlen lassen.

Tipp
Das Chutney hält etwa 3–4 Monate und passt zu Fleisch- und Fischgerichten aller Art.

Variation
Etwas blasser in der Farbe, aber ebenfalls sehr delikat im Geschmack wird das Chutney, wenn die Johannisbeeren durch rote oder grüne Stachelbeeren ersetzt werden.

Zutaten

800 g Kürbisfleisch · 2 Äpfel · 1 große Mango · 125 g Rosinen · 50 g geschälte Kürbiskerne · 400 ml Obstessig · 30 g Senfkörner · 150 g brauner Zucker · 1 TL Salz · 1 Msp. Chilipulver

Für 3 Gläser à 1/2 l
Zubereitungszeit: ca. 60 Min.
ca. 71 kcal je Portion

Mango-Kürbis-Chutney mit Kürbiskernen

1 Das Kürbisfleisch würfeln. Die Äpfel schälen, vierteln und entkernen. Die Mango schälen und das Fruchtfleisch würfeln. Alles mit den restlichen Zutaten in einen Topf geben.

2 Alles bei 170 °C unter Rühren etwa 35 Minuten köcheln lassen, bis das Chutney dicklich wird. Dann kochend heiß in die Gläser füllen und diese sofort verschließen. Auf den Kopf gestellt abkühlen lassen.

- Evergreen −
- dekorativ +
- schnell −
- dauert +
- edel −
- raffiniert +
- für Kids −

Tipps
Kühl und dunkel gelagert hält das Chutney etwa 3–4 Monate. Es eignet sich zu allen Fleisch- und Grillgerichten und auch zu Fondue.

Alphabetisches Rezeptverzeichnis

Rezeptverzeichnis nach Kapiteln

Raffiniert & würzig

Früchte mit Schuss

Süße Früchtchen

Chutneys

Im FALKEN Verlag sind zahlreiche Titel zum Thema „Essen und Trinken" erschienen.

Sie erhalten sie überall dort, wo es Bücher gibt.

Sie finden uns im Internet: **www.falken.de**

Dieses Buch wurde auf chlorfrei gebleichtem und säurefreiem Papier gedruckt.

Der Text dieses Buches entspricht den Regeln der neuen deutschen Rechtschreibung.

Impressum

ISBN 3 8068 2738 9

Umschlagkonzeption: Martina Eisele, München
Umschlaggestaltung: Digital Design GmbH Borgers, Hünstetten
Layout: Johannes Steil, Wiesbaden
Redaktion: Dirk Katzschmann, Marie-Luise Otto und Olaf Rappold (red.sign, Stuttgart)
Koordination und Schlussredaktion: Bettina Snowdon (FALKEN Verlag)
Herstellung: Petra Becker (FALKEN Verlag) und red.sign, Stuttgart
Weitere Fotos auf dem Umschlag: Die Bilder auf der Umschlaginnenseite vorne wurden dem FALKEN Verlag freundlicherweise vom Autor und dem Fotografen zur Verfügung gestellt. **Amos Schliack:** Umschlagklappe, hinten, innen li. o., li. M. und li. u. sowie re. o., re. M. und re. u.

Rezeptfotos und weitere Fotos im Innenteil: Amos Schliack, Hamburg
Foodstyling: Roland Geiselmann, Hamburg
Satz: red.sign, Stuttgart
Reproduktion: Lithotronic, Frankfurt
Druck: Druckhaus Cramer, Greven
817 2635 4453 6271